Wilhelm Meyer

Ein Gedicht und ein Brief aus Freising von den Jahren 1084 und 1085

Und ein Labyrinth mit Versen. Zweiter Band

Wilhelm Meyer

Ein Gedicht und ein Brief aus Freising von den Jahren 1084 und 1085
Und ein Labyrinth mit Versen. Zweiter Band

ISBN/EAN: 9783743683785

Hergestellt in Europa, USA, Kanada, Australien, Japan

Cover: Foto ©Thomas Meinert / pixelio.de

Weitere Bücher finden Sie auf **www.hansebooks.com**

Sitzungsberichte

der

philosophisch-philologischen und historischen Classe

der

k. b. Akademie der Wissenschaften

zu München.

Jahrgang 1882.

Zweiter Band.

München.

Akademische Buchdruckerei von F. Straub.

1882.

In Commission bei G. Franz.

Inhalts - Uebersicht.

Sitzungsberichte

der

philosophisch-philologischen und historischen Classe

der

k. b. Akademie der Wissenschaften

zu München.

1882. Bd. II. Heft III.

München.

Akademische Buchdruckerei von F. Straub.

1882.

In Commission bei G. Franz.

Sitzungsberichte

der

königl. bayer. Akademie der Wissenschaften.

Philosophisch-philologische Classe.

Sitzung vom 2. December 1882.

Herr W i l h. M e y e r hielt einen Vortrag:

„E i n G e d i c h t u n d e i n B r i e f a u s F r e i s i n g
v o n d e n J a h r e n 1084 u n d 1085 u n d e i n
L a b y r i n t h m i t V e r s e n“, sämmtliches aus Cod.
lat. 6394 der Münchener Bibliothek.

I.
Gesang an den heimkehrenden Heinrich IV. a. 1084.

Die Ankunft des Herrschers gab natürlich auch im
Mittelalter Veranlassung zu besonderen Festlichkeiten. In
alten Ritualbüchern findet sich oft ein besonderer Ordo ad
recipiendum regem etc. Natürlich war es, und wird durch
die Schilderungen in den Casus S. Galli und in andern
Quellen bezeugt, dass hiebei die Gelehrten, insbesondere die
Vorstände der Klosterschulen ihre Kunst in Festgedichten
und in musikalischen Compositionen zeigten.[1] In dem Falle,

---

[1] Siehe hierüber besonders S c h u b i g e r, Die Sängerschule St.
Gallens, S. 27—32. 38. 60. 62—64. 73. 74. 76. 77. 85.

auf welchen sich das folgende Gedicht bezieht, war, wie
schon die Anfangszeilen

Iste dies celebris decet ut sit in omnibus annis,
Caesar Teutonicam quo repetit patriam

bezeugen, die Feierlichkeit noch erhöht: sie galt dem
Herrscher, welcher nach längerer Abwesenheit in Italien,
nach harten Kämpfen und grossen Erfolgen siegreich in
die deutsche Heimath zurückkehrte.

Das Gedicht ist zwar in der aus Freising stammenden
lateinischen Handschrift in München no. 6394 (Servii Com-
mentarii in Virgilium saec. XI) erst von einer Hand aus
der Mitte des XII. Jahrhunderts eingeschrieben (auf einer
leergelassenen Stelle am Ende des 1. Buches der Georgica
f. 18a), allein es ist gewiss schon früher entstanden. Das
zeigen zunächst die Reime. In den 31 Distichen haben
29 Zeilen gleiche Vokale und gleiche Consonanten (tempestas: aestas), 16 gleiche Vokale aber ungleiche Consonanten (virtutes: reluces) in den beiden Schlusssilben; in
17 Zeilen bindet der Reim nur die letzten Silben (pronas:
famulas). Diese Thatsache weist nach dem, was ich in der
Abhandlung über die lateinischen Rythmen S. 137—139
dargelegt habe, unser Gedicht in den Schluss des XI. oder
in den Anfang des XII. Jahrhunderts. Auf die Romfahrt
Heinrich des V. kann dasselbe sich nicht beziehen; denn Heinrich V. hat weder das Gebiet der Gräfin Mathilde mit Feuer
und Schwert verwüstet (Vers 33) noch den Lateran besetzt
(V. 23).

Heinrich der IV. ist es vielmehr, welcher bei der Heim-
kehr aus Italien im Sommer 1084 mit diesem Gesange be-
grüsst wurde. Das zeigt die Vergleichung dessen, was wir
von seinem dreijährigen (Vers 13) Aufenthalt in Italien
wissen. Für das Jahr 1081 gibt Stumpf (Reichskanzler)
die Daten 18. März Regensburg, 14. April Mailand, 4. Juni

Rom, und für 1084: 29. April Rom, 23. Mai Sutri, 17. Juni
Verona, 4. Oct. Mainz. Seine Kämpfe mit Mathilde (V. 33—36)
schildert Donizo (M. Scr. XII p. 383):

> Sola resistit ei Mathildis filia Petri,
> Rex exardescens contra quam concitat enses
> Proelia terrores et castris obsidiones.

und die Vita Anselmi c. 20: Heinricus omnem furorem . .
in Mathildam convertit, villas incendit, castella diruit.
Dem, was über die Vorgänge in Rom gesagt ist
(V. 20—26; V. 9), entsprechen die Notizen bei Ekkehard
'Per legatos Romanorum rogatus, ut pacificus rediret, Romam
rediit et ad portam Lateranensem castra ponens omnes
dedititios accepit . . 11. Kal. Aprilis multis stipatus cum
magna gloria intravit . . Rex cum regina Berhta in sancta
dominica paschae imperiali benedictione sublimatus est.
('H. rex patricius Romanorum constituitur' fügt Siegbert
hinzu). Die Gesta Trevirorum (Scr. 8 p. 185) enthalten
einen Brief, welchen Heinrich (Roma rediens multa ibi
caede patrata et papa Gregorio fugato, quo certe nichil in
diebus illis celebriori fama ora omnium adimplebat) an den
Bischof Dietrich von Verdun schrieb, sich rühmend 'cum
decem hominibus in nobis operatus est dominus, quod ante-
cessores nostri si fecissent cum decem milibus, miraculum
esset omnibus.' Am Schlusse erklärt er 'Deo favente in
festivitate Petri et Pauli (29. Juni) Radisponae erimus.'
Die Annales Augustani endlich berichten 'In Italia triennio
transacto rex Gregorio septimo fideles ditioni suae sub-
iugavit . . reversus imperator Ratisponam cum omni af-
fectu et honore susceptus est.

Bei der feierlichen Begrüssung des heimkehrenden Sie-
gers wurde Ende Juni 1084 unser Gedicht gesungen. Dasselbe hat durchaus keine lokale Färbung; da es aber in
einer Freisinger Handschrift nebst dem nachher zu be-

18*

sprechenden Freisinger Aktenstück eingetragen ist, da ferner
der Bischof Meginward damals noch auf der Seite des Kaisers
stand, so ist wahrscheinlich dies Gedicht in Freising ge-
dichtet, componirt und dem Kaiser auf der Durchreise nach
Regensburg vorgesungen worden.

Bisher unbekannte Thatsachen lernen wir nicht aus
diesen Versen, allein sie haben dennoch beträchtlichen
Werth. Das Gedicht ist durchweg mit Neumen versehen:
wenn die Musiker einmal im Stande sein werden, die
Neumen in moderne Noten umzusetzen, so werden sie auch
entscheiden können, ob wir es mit einer traditionellen
Melodie oder einer neuen Composition zu thun haben; im
letzteren Falle würde diese nach Ort und Zeit genau be-
stimmbare Composition ein wichtiges Denkmal der Musik-
geschichte werden.

Der Verfasser dieser Verse scheint mir ein begabter
Dichter gewesen zu sein. Er vermeidet es, viele Ereignisse
und Namen aufzuführen — es wäre unpoetisch und denen
gegenüber, welche All dies erlebt oder vollbracht hatten,
mindestens überflüssig gewesen —, allein die Hauptsachen
hebt er kräftig und im gewandtesten Stile hervor. Der
Charakter des Lobliedes verlangt oder entschuldigt wenigstens
einige Uebertreibungen wie V. 20, auch die kirchlichen
Fragen werden vorsichtig behandelt (V. 49—60); trefflich
aber und für die damalige Stimmung eines guten Theiles
der Deutschen sehr bezeichnend ist die helle Freude über die
Thatkraft und die Erfolge des Herrschers, welche aus allen
Worten des Gedichtes hervorleuchtet. So ist dieses fein
ausgeführte Gedicht jedenfalls von Interesse für die Geschichte der Literatur und des Reiches.[1]

---

1) Der Gedankengang ist einfach: Begrüssung des Kaisers 1—18;
Lob der Kriegsthaten in Italien 19— 36, der Thatkraft des Kaisers 37—48,
und der Vortheile, welche er der Kirche schafft, 49—60: also mit merk-
würdigem Parallelismus 18 + 18 + 12 + 12 + 2 Verse.

1 ˙Iste dies celebris decet ut sit in omnibus annis,
  Cęsar Teutonicam Quo repetit patriam.
3 Cessat tempestas, in Cęsare redditur aestas,
  Quę mundum nebulis Eripit et tenebris.
5 Inclyte Cęsar, ave, virtutum lumine clare,
  Pax tibi de cęlis Detur, ut ipse velis!
7 Qui regnatorum quasi gemma videris avorum,
  Quos satis excellis Laudibus et meritis.
9 Quę tibi, patricio, resonat laus carmine nostro,
  Quam non precipuis Exuperes meritis?
11 Nam per virtutes belli pacisque reluces,
  Sic ut in ambobus Sis nimis eximius.
13 Hoc factis magnis testatus es his tribus annis,
  Junctis perspicuo Viribus ingenio.
15 Hac quia mixtura superabas omnia dura
  Consequiturque tuum Jam status arbitrium:
17 Hinc gratare deo, celebri donate trophęo,
  Ascribasque sibi, Quę dedit ipse tibi.
19 Quod nulli patrum decus est tibi, domne, paratum,
  Lamberet ut plantas Roma superba tuas.
21 Huius tu culmen percussisti quasi fulmen
  Ad terramque ruit, Quę caput ante fuit.
23 Et Lateranorum munimina summa virorum
  Complesti duro Milite cuncta tuo.
25 Primates Romę subiecti deditione
  Te pie placabant, Dum sua colla dabant.
27 Cui fuit ex Carolis ea gloria vel Ludovuicis,
  Cui fuit Ottonům Tam speciale bonum?
29 Urbes muratę per plana vel arce locatę
  Aut tibi se pronas Prębuerant famulas,
31 Aut, veluti ventus cinerem raptat violentus,
  Mox dispergebas, Inclite victor, eas.

33 Regnum Tyrrenę vastasti Pentesileae;
   Ipsa bipertitum Pertulit excidium.

35 Uiribus extensis late ruit ignis et ensis,
   Quorum dens reliqui Nil faciebat ibi.

37 Uirtutis cotem durum cupis esse laborem,
   Quę velut exacuat Te nitidum faciat.

39 Perpendis digne, quod testa coquatur in igne,
   Quando laborifera diligis ire via.

41 Gloria venalem vitam facit imperialem,
   Quam tu pro dignis Vendere non renuis.

43 Censes virtutem retinere per ardua lucem;
   Alter et Alcides Dura sequenda vides.

45 Nempe coęquęvo tibi gaudens turbine sęvo,
   Laudas fortunę Munera dura tuę.

47 Quis mentem talem, rogo, quis sic imperialem
   Aut habet aut habuit Aut habiturus erit?

49 Ex causis veris Isaac nunc alter haberis:
   Nempe laboriferę filius ecclesię.

51 Post spes subductas rediens sibi sera voluptas,
   Quę, dum consenuit, Spem sibi te genuit.

53 Hęc bene mutatum gaudet caput esse levatum
   A te, domne, sibi. Gratia magna tibi!

55 Te fuerat dignum matri sic esse benignum,
   Sic refici voluit, Quę caput indoluit.

57 Nunc quia surrexit, quia te deus ipse revexit,
   Te quia lęta videt, Sara secunda viret.

59 Atque reflorebit laudesque deo perhibebit,
   Quod tecum regnum Tendat ad ętherium.

61 Hoc pater et natus velit hoc et spiritus almus,
   Simplex triplicitas Trinaque simplicitas!

II.
Brief Bischofs Meginward von Freising a. 1085.

Die Blätterlagen der freisinger Serviushandschrift, aus
der ich das oben behandelte Gedicht gewonnen habe, sind
von verschiedenen Händen geschrieben. Mancher Schreiber
brauchte weniger Raum als der, welcher ihm das zu
schreibende Pensum zutheilte, berechnet hatte, so dass am
Ende der Blätterlage ein Theil des Blattes leer blieb. In
einer solchen leeren Stelle auf Blatt 179b hat eine Hand
aus der Mitte des XII. Jahrhunderts — nicht dieselbe,
welche das Gedicht auf Bl. 18 nachgetragen hatte — folgenden Brief eingeschrieben:

B. Archipresuli nominis celsitudinem moribus illumi-
nanti M. Frisingensium electus et receptus, in omnibus
feliciter prosperari.

Nostrę necessitas ecclesię compellit nos vos frequenter
invocare, ut propter deum, qui vos exaltavit in gloriam,
cogitetis, ne contra voluntatem suam vestram consecrationem
ęquo diucius differatis. Presentate vestrę cogitationi Salz-
burgensem Frisingensem Pataviensem ecclesiam velut tres
luctuosas vos circumstare viduas, omnibus malefactorum per-
secutionibus dilaceratas, hoc modo necessariam vobiscum
habentes querimoniam: ʿUsque quo, domine, cum emendare
possis nostram calamitatem, pateris? Jam per octo annos
miserrimam viduitatem sustinuimus, quia nullo defendente
vel habuimus quę noluimus, ecclesiasticarum videlicet rerum
invasiones clericorum obtruncationes homicidia periuria sacri-
legia, vel non habuimus quę voluimus, clericorum scilicet
ordinationes ecclesiarum consecrationes chrismatum confec-
tiones. Cum vero dominus per prophetam dicat: si non
annunciaveris impio, ut avertat se a via sua, sanguinem

eius de manu tua requiram, quid dicturus eris, qui nec ipse ad annunciandum impiis viam suam intras, et intrare desiderantes vetas?' Hoc si vobiscum illę tres miserrimę sorores haberent colloquium, paratum fortassis congruum responsum non haberetis, quia si diceretis 'Bella adhuc nequaquam sopita nos vetant, iuventutis illecebrę nos inpugnant', vobis responderent, quod inter mundanas varietates ibi nostra fixa sint corda, ubi vera sunt gaudia.

" Quapropter, domine, cogitate de vobis, ut cogitare etiam possitis de nobis, ne nostrę imponatis fraternitati aliquam de vobis necessitatem conquerendi. Illud evangelicum pensate 'Jugum meum suave est et onus meum leve', cum et propheta dicat 'Bonum est viro cum portaverit iugum ab adolescentia sua.' Quidam ergo operarii Christi vineam sanctam ('videlicet ecclesiam' *spätere Hand am Rand*) ingrediuntur mane hora tercia sexta nona et undecima, sed tamen omnes, quia operarii sunt dicti, ad operandum sunt conducti. Unde, dilectissime domine, qui hora tercia id est in adolescentia ad Christi vineam venistis, in ea laborare non cessetis, ut incomparabilem denarium suscipiatis ad extremum. Tempestivum est etenim, ut vestrę prudentię lucerna ad dirigendos pedes nostros in viam pacis a modo rutilet in ecclesia.

Da der Freisiger Bischof ·M·, welcher diesen Brief schrieb, nur Meginward sein kann, der von 1078—1098 diese Würde bekleidete, so kann der ihm vorgesetzte — also salzburger — Erzbischof B., an welchen das Schreiben ging, nur Bertold sein.

Die Haltung, welche M e g i n w a r d in dem Streite zwischen Kaiser und Pabst beobachtete, war schon Meichelbeck (Historia Frisingensis 1 p. 278 ff.) unklar und, trotzdem die Notizen jetzt gemehrt sind, ist sie noch nicht völlig klar. Im Oct. 1079 ist Meginward beim Kaiser in Regens-

burg (Mon. Boic. III, 104). Die Beschlüsse der Synode
von Brixen 25. Juni 1080, welche Gregor den VII. absetzte,
wurden auch von Meginward unterzeichnet: ego Meginwardus Frisingensis episcopus subscripsi. In Quedlinburg
verdammten a. 1085 die geistlichen Kirchenfürsten viele
kaiserlich gesinnte Erzbischöfe und Bischöfe; unter den
Verdammten befindet sich Meginward nicht. Aber unter
den Unterzeichnern der Beschlüsse, welche die kaiserlichen
Kirchenfürsten zu Mainz im Mai 1085 fassten, kommt
vor Meginardus Fruxiuensis, d. h. wohl Meginwardus
Frisingensis.

Aber im Frühjahr 1086 hat Meginward die Partei ge-
wechselt. Die Annales Augustani berichten nemlich, der Zug
Heinrichs nach Sachsen in den ersten Monaten des Jahres 1086
sei besonders durch die Ränke einiger Herren in seinem
Heere, die wir später noch näher kennen lernen werden,
unglücklich ausgefallen; dann fahren sie weiter ʻImperatore
in Pauwariam reverso coniurationis suae assumptis fautoribus
Frisingam s e d u c t o cum dolis e p i s c o p o in paschali sollemnitate occupant . . Fridericus Alemanniae dux . . Frisingam (so besserte Giesebrecht das Frid der Handschrift)
civitatem, licet frustra, receperunt. Nam adversarii . . civitatem ad deditionem coegerunt et e p i s c o p u m c u m i u r a-
m e n t o s i b i a s s o c i a v e r u n t. So ist es nicht zu wun-
dern, dass Heinrichs heftigster Gegner, der salzburger
Erzbischof Gebhard, im Jahre 1086 (oder 1087 vgl. Giesebrecht III, S. 1170, 4. Aufl.) wieder in sein Bisthum
zurückgeführt wurde ʻconcomitantibus se episcopis, Pata-
viensi scilicet Altmanno et M e g i n w a r d o Frisingensi.ʼ
(Vita Gebehardi, Script. 11, 26). Wie lange er zum Pabste
hielt, ist nicht sicher. Die Chronik Bernolds (Script. 5, 449)
gibt zum Jahre 1089 ʻIn Teutonicis partibus quatuor epis-
copi in catholica communione perstiterunt, Wirceburgensis
videlicet, Pataviensis, Wormatiensis, Constantiensis, set et

Metensis episcopus,[1]) quorum confortamento reliqui catholici
scismaticis a principio restiterunt. Darnach war Meginward
damals schon zu den Anhängern des Kaisers zurückgekehrt.
Derselbe Bernold bemerkt nun zum Jahre 1090 'In Baioaria
fideles S. Petri iam adeo contra scismaticos invaluerunt, ut
in Salzburgensi episcopatu catholicum ordinarent archie-
piscopum, quem statim religiosissimus Pataviensis episcopus
et Urbani papae legatus cum Wirceburgensi et Frisingensi
episcopis sollemniter consecrant.' Hätte Bernold unter diesem
Freisinger Bischof den Meginward verstanden, wie man all-
gemein annimmt, dann widerspräche diese Angabe der oben
zu 1089 angeführten. Den richtigen Weg zeigen uns viel-
leicht die Annales S. Stephani Frising. (Script. 13, 52)
'a. 1090 Meginwardo et Herimanno pro episcopatu alter-
cantibus.' Dieser sonst völlig unbekannte Hermann wird
wohl von Bernold unter dem episcopus Frisingensis verstanden: er wäre also ein von der päbstlichen Partei auf-
gestellter Gegenbischof gewesen.

Vom Jahre 1093 an steht Meginward sicherlich auf
der Seite des Kaisers. Denn in zwei Schenkungsurkunden
Heinrich des IV., von Pavia 12. Mai 1093 datirt, erscheint
er als Zeuge, und die Annales S. Stephani, welche zu 1095
berichten 'Meginwardus abstulit Erchangero abbatiam', berichten dann zum Jahre 1097 'Heinricus imperator reversus
ab Italia reimpetravit Erchangero abbatiam.'

Berthold dagegen war stets ein Werkzeug des Kaisers
und der Feind der päbstlichen Partei. Das Chron. Gurc.
(Script. 23, 8) nennt ihn 'Pertoldus, qui a vulgo Prunzagel
dictus est, oriundus de Mosburch' und die Vita Chunradi
bemerkt 'De Mosburch hunc fuisse fratrem nobilissimi prin-

---

1) 'Cum quibusdam Saxonicis episcopis' ergänzt das unten zu er-
wähnende Annalenfragment.

cipis Purchardi nomine accepimus.'[1]) Wenn die Annales
S. Rudberti (Scr. 9, 774) berichten zu 1075 Perhtoldus ..
sedem occupat Nonis Mai, so ist wahrscheinlich nur das
Jahr, unter dem diese Notiz eingetragen wurde, falsch
(LXXV statt LXXXV), dagegen der Tag richtig. Denr das
von mir gefundene, dann von Giesebrecht (Kaiserzeit IV,
2. Aufl., S. 513—528) und in den Monumenta (Script. 13, 48)
veröffentlichte Bruchstück bairischer Annalen berichtet, dass
der Kaiser eine Synode nach Mainz 'post 14 dies paschalis
festi' also auf den 19. April, angesagt, dort die feindseligen
Bischöfe abgesetzt und deren Würden ihm ergebenen Geistlichen verliehen habe. Da nun der obige Brief offenbar
noch in die Anfangszeit von Bertholds Regierung fällt,
Meginward aber Ostern 1086 zur päbstlichen Partei über-
trat, so muss er zwischen Mai 1085 und Ostern 1086 geschrieben sein.

Wenn wir an der Hand des eben erwähnten Annalenfragmentes uns die Vorgänge der zweiten Hälfte des Jahres
1085 vergegenwärtigen,[2]) werden wir dem Schreiben seine
bestimmte Stelle anweisen können.

Im Sommer zog Heinrich nach Sachsen, musste aber
nach einigen Monaten fliehen und ging nach Franken, um

---

1) Lazius, De aliquot gentium migrat. 1572 p. 394 sagt 'Comites
a Mosburg, qui templi Salisburgensis fuerant advocati, ex veteri prae-
rogativa.' Dann 'Burchardus II, primi filius, ex Gertrude tulit Bur-
chardum III et Albertum quem Henrichus IV in bello intestino, Wel-
phone Boiariae duce ad partes papae et hostium deficiente, inferioris
Boiariae praesidem creaverat.' (Vgl. Heinrich, Die Grafen von Moos-
burg in Verhandl. d. hist. Vereins f. Niederbayern, 17, S. 93). Wenn
diese Angabe wirklich wahr ist, so war die Ernennung Bertholds um
so bedeutungsvoller; an der Spitze der geistlichen und weltlichen Anhänger des Kaisers wären zwei Brüder gestanden.

2) Vgl. Giesebrecht Kaiserzeit III, 4. Aufl. S. 611 u. 1170. IV,
2. Aufl. S. 518. Riezler Gesch. Baierns I, 549.

dort einen neuen Zug nach Sachsen vorzubereiten. Unter-
dessen hatte der neue Erzbischof Bertold Unruhen hervor-
gerufen, welche die ganze kaiserliche Partei in Sorge ver-
setzten. Graf Engelbert von Sponheim hatte früher, wir
wissen nicht warum, Bertolds Bruder getödet und ihn selbst
in strenger Gefangenschaft gehalten, bis Heinrich,[1]) damals
noch König, sie ausgelöst hatte. Bertold benützte desshalb
die neue Macht zur Rache und verwüstete Engelberts Besitzungen in Kärnten weit und breit. Engelbert dagegen
rückte gegen Salzburg und eroberte die Stadt mit der Um-
gegend, nur nicht die Veste, welche die Anhänger Bertolds
glücklich vertheidigten. So war der Erzbischof lange Zeit
von Salzburg ausgeschlossen. Der Kaiser schickte aus
Franken Unterhändler, allein die Erbitterung der Streitenden
war zu heftig: weder der Graf noch der Erzbischof wollten
sich fügen. In diese Zeit, also etwa in den Oktober 1085,
muss unser Brief fallen, in welchem Bischof Meginward
seinen Erzbischof mahnt, er solle das Feuer seiner Jugend
bezähmen, den Kämpfen entsagen und sich consekriren
lassen, damit die Diöcesen Salzburg, Freising und Passau
nach 8 jährigen Verwirrungen — im Jahre 1077 war Gebhard geflohen — endlich wieder zu geordneten Zuständen
kämen. Um aber in den Sitz seines Erzbisthums und zur
Consekration gelangen zu können, musste Bertold von Engelberts Besitzungen in Kärnten ablassen und mit Engelbert
sich abfinden. Bertold scheint anfänglich auf die Bitten
des Bischofs ebenso wenig geachtet zu haben wie auf den
Befehl des Kaisers. Heinrich sah seine Entwürfe gegen
Sachsen durch diesen ärgerlichen Streit empfindlich gestört,
desshalb schlug er, als die Versöhnungsversuche nichts
fruchteten, einen andern Weg ein. Er gab dem Grafen

---

1) In den Monumenta ist das H. der Hdschr. in Herman statt in
Heinricus aufgelöst, ich weiss nicht wesshalb.

Recht.[1]) Jetzt musste Bertold entweder seinen eigenen
Schutzherrn bekämpfen oder nachgeben. Es ist natürlich,
dass er nachgab. Als Anfangs November Heinrich nach
Regensburg kam, fand unter den übrigen weltlichen und
geistlichen Herren auch Engelbert sich dort ein und leistete
Mitte Januar 1086 die verlangte Heeresfolge nach Sachsen.
Die Annales Augustani bemerken 'imperator .. Saxones ..
resistentes ad pactionem conpulisset, nisi quorundam sequa-
cium suorum fraudulentia clandestina impedisset; qui etiam
statim in Pauariam eo reverso .. Frisingam .. in paschali
sollemnitate occupant.' Giesebrecht bezieht (IV. S. 518
2. Aufl.) diese Worte besonders auf Engelbert; auch der
zerstörte Schluss des Annalenfragmentes scheint darauf zu
deuten. Denn dass Engelbert zu den Feinden des Kaisers
überging, beweist die Nachricht der Vita Gebhardi (Script.
11, 26) 'Gebhardus nono exulationis anno (1086 oder 1087)
ab E n g i l p e r t o c o m i t e et ab aliis quibusdam ecclesiae
suae militibus, etiam a compluribus servitoribus suis re-
ductus est in episcopium suum.' Der Weg, auf dem er
dazu kam, ist schon aus dem Vorausgehenden klar. Der
Streit mit Bertold brach wieder aus, Engelbert wurde das
Haupt von dessen Gegnern, machte gemeinsame Sache mit
Gebhard und wurde so auch der Feind des Kaisers. Dasselbe scheint auch das Bruchstück der Annalen zu berichten.
Denn in den Worten desselben: (Caesar presidi) beneficia
augens illum fideliter se adiuvare in adversis rebus credidit.
Ceterum ille, qui Perhtoldum super se dominum constituit,
nimis ei infidelis postea fuit, glaube ich in der Hschr.
quō d. h. quoniam statt qui lesen zu können. Aus Hass
gegen Bertold wurde Engelbert ein Gegner des Kaisers.

---

2) Culpasque presidis dissimulando eum laudabat, quia presidem
exercitui contra Saxones aggregari .. (spe)rabat, so lese und ergänze
ich; bisher wird quia statt et gelesen und aggregari (impe)rabat ergänzt.

Aus unserm Briefe lernen wir endlich, dass Bertold jung
war, als Heinrich ihn zum Erzbischof ernannte. So wird
die Erzählung von seinen spätern Schicksalen verständlich.
Die Vita Chunradi archiepiscopi berichtet (Script. 11, 67):
Permansit Perhtoldus persequens ecclesiam Salzpurgensem
usque ad tempora Chuonradi archiepiscopi (1106—1147),
a quo excommunicatus in tantam decidit iniuriam, ut cum
duobus clericis miseram vitam ducens Mosburch christiana
communione careret annis ferme triginta, uno predictorum
clericorum in fine vitae penitentiam desiderante et absoluto,
altero impenitente et in excommunicatione mortuo. Sane
ipse Perhtoldus imminente sibi iam termino vitae per ab-
batem Seunensem Guntherum penitentiam offerens recon-
ciliari ecclesiae petiit iussuque archiepiscopi ab eodem abbate
communioni restitutus vix duabus septimanis supervixit.
Die hier erwähnten 30 Jahre hat man auf die Zeit von
1075, dem irrthümlich angenommenen Jahre der Erhebung
Bertolds zum Erzbischof, bis 1106 bezogen. Sie sind aber
offenbar so zu verstehen, dass Bertold nach Conrads Erhebung zum Erzbischof noch 30 Jahre lang, also etwa
1106—1136, wenig beachtet in seiner Heimath Mosburg
lebte und durch den Seeoner Abt Gunther, der 1139 in einer
Urkunde (M. Boic. II, 129) erscheint, vom Banne freige-
sprochen wurde. Da von 1085—1136 51 Jahre verflossen
sind, so ergibt sich mit Benützung der Angabe unseres
Briefes, Bertold sei als adolescens Erzbischof geworden, für
ihn eine zwar hohe, aber nicht unglaubliche Zahl von
Lebensjahren.

III.

Ein Labyrinth mit Versen.

(Mit einer Tafel.)

Wie schon Schmeller bemerkt hat, findet sich in der oben benützten münchner Handschrift no. 6394 auf der Rückseite des Blattes 164, am Ende einer Blätterlage eine Zeichnung mit Versen. Da dieselben fast erloschen waren, so habe ich, um sie vor dem Untergang zu bewahren, nicht ohne beträchtliche Mühe sie abgeschrieben. Die Verse 1—11 stehen an Rändern der Figur, das Distichon im Innern bei einer gänzlich erloschenen Figur.

Quid notet intextus septemplex hic Laborinthus
Et vafer illius conditor atque reclusus,
3 Vt sapiant pueri, vos dicite mysteriarchi.
Nos effutimus, quid et interea sapia[mus].
5 * Vers 5 und Anfang von 6 ist weggeschnitten.
* *s est zabulus, cui mundus erat Laborinthus
7 ...[1]) in hoc morsum secluserat ut Minotaurum.
Mundo subiectos huic destinat atque vorandos,
9 Donec ad hunc Theseus transmittitur ut patre Christus,
Hunc deitatis ope superans ut hic Ariadnae.
11 Vera decet falsis seiungere, sacra profanis.

————

Ecce Minotaurus vorat omnes, quos Laborinthus
Implicat: Infernum hic notat, hic zabulum.

Der Dichter sagt ausdrücklich, er wolle sich auf die Deutung einiger Stücke beschränken, dass nemlich das

————

1) Die 4 bis 6 ersten Buchstaben von V. 7 konnte ich nicht mehr lesen.

Labyrinth mit dem Minotaurus der Welt entspräche, in
welcher der Teufel die Menschen erbeutete, bis Christus mit
Gottes Hilfe ihn bezwang, wie Theseus mit Ariadnens Hilfe
den Minotaur. Dagegen die sieben Gänge seines Labyrinthes
und den sinnreichen Erbauer desselben allegorisch auszu-
deuten, das überlässt unser Dichter weiseren Meistern, den
Mysteriarchi, wie er sie mit Umformung dieses von Pru-
dentius gebrauchten Wortes nennt. Wenn ich auch auf
solche allegorische Deutungen verzichte, so lohnt es sich
doch, seine Figur des Labyrinthes näher zu untersuchen.
Diese Figur, welche den Durchmesser von 22 Centimeter
hat, besteht aus 8 concentrischen Kreisen, deren Enden in
der Weise bald verbunden, bald nicht verbunden sind, dass
7 Gänge entstehen, welche man sämmtlich durchgehen muss,
bis man in das Innerste gelangt, wo der Minotaurus sich
befindet. Ziehen wir, dem Weg des einwärts Wandernden
entsprechend, durch diese Gänge eine Linie, so vertreten
jene Kreise die Gangwände des Labyrinths, diese fort-
laufende Linie den Ariadnefaden.

Werden nun aber diese Kreise gestreckt, so wird
Manches klar: der Ariadnefaden gibt genau zwei regelmässige Windungen einer einfachen Maeanderform, deren
horizontale Linien alle verlängert sind; unsere Figur gibt
also genau die in Kreisform umgebogenen Linien, welche
zwei Maeanderwindungen einschliessen.[1]

Wie geht es zu, dass gerade Maeanderwindungen als
Grundplan des Labyrinthes gewählt wurden? Unser Dichter
hat seine Figur nicht selbst erfunden, da er ausdrücklich
darauf verzichtet, ihre Construction zu deuten. Da läge es
nahe, an jene Verse des Ovid zu denken, mit denen er das
Labyrinth schildert (Metam. 8, 162):

---

1) Vgl. Fig. 3.

Non secus ac liquidus Phrygiis M a e a n d r o s in arvis
Ludit et ambiguo lapsu refluitque fluitque
Occurrensque sibi venturas aspicit undas
Et nunc ad fontes nunc in mare versus apertum
Incertas exercet aquas: ita Daedalus implet
Innumeras errore vias vixque ipse reverti
Ad limen potuit; tanta est fallacia tecti.

Man könnte nun vermuthen, ein sinnreicher Kopf des
Mittelalters sei durch die ovidianische Vergleichung des Labyrinthes mit dem Maeanderflusse angeregt worden, den Grundplan des Labyrinthes nach den Windungen des Maeander-
ornamentes zu construiren und, indem er um zwei Windungen
Linien zog, gleich den Seitenmauern oder Gangwänden um
den Weg, dann alle horizontalen Linien zu Kreisen umbog,
sei unsere Figur entstanden. Doch dem ist nicht so. Wir haben nur ein Glied einer
langen Kette gefasst, welche ebenso weit in das Alterthum
hinauf als zu uns herabgeht. Für die Geschichte des Ornamentes und der geometrischen Spiele ist es von ziemlichem
Interesse, diese Entwicklung der Labyrinthdarstellungen näher
darzulegen.[1])

Das Labyrinth auf den Münzen von Knossos.

Ueber das egyptische Labyrinth ist weder aus den
Stellen der Alten noch aus den Ueberresten Sicheres zu er-
kennen; vgl. die von Bähr zu Herodot II, 148 angeführten
Schriften und Lepsius, Denkmäler Abth. I Taf. 46. 48.
Forchhammer, Daduchos S. 117—126, erklärt das egyptische

---

1) Schon H. F. Massmann hat in seinem Schriftchen 'Wunderkreis
und Irrgarten. Für Turnplätze und Gartenanlagen', Leipzig, Basse, 1844,
Beiträge zur Geschichte der Labyrinthdarstellungen gegeben, die Darstellungen selbst aber fast nur auf ihren Zusammenhang mit der Construction des Wunderkreises in den Turnschulen geprüft.

Labyrinth für einen sehr umfangreichen Wasserbehälter zur
Aufnahme und Bewahrung des Wassers, der jährlich durch
den Canal aus dem Nil gefüllt wurde. Berühmter war
im klassischen Alterthum das Labyrinth, welches Daedalus
auf Kreta angelegt haben soll. Nun zeigen Münzen von
K n o s s o s aus dem 5. Jahrhundert vor Christus in der
Mitte eine Art Stern und an jeder der 4 Seiten desselben
eine einzelne einfache Maeanderwindung.[1]) Dagegen ist auf
den Münzen der Stadt Knossos vom Anfang des 4. Jahrhunderts bis herein in die Kaiserzeit[2]) eine andere künst-
lichere Figur geprägt. Die Figur ist auf den meisten Münzen
viereckig, auf wenigen rund, während die Construction der-
selben stets genau die nemliche ist: ein neuer Beweis für
jene Wahrnehmung, die wir auch später machen werden,
dass die Bildung neuer linearer Ornamente sehr oft so vor

---

1) Mehrere derartige und ähnliche Typen hat Massmann Taf. I,
H. 2—6 nach Münzen der Berliner Sammlung abgebildet.

2) Eine Münze 'C. I. N. C. Tête d'Auguste nue, à droite. Rev.
C. Petronio. M. Antonio. Ex. D. D. II. Vir. Labyrinthe. AE., welche
Florez Medallas .. de España I pl. 16, 7 abgebildet hat, setzen Florez
und Mionnet I p. 36 no. 259 nach Carthago nova. Allein Leake, A Sup-
plement to Numismata Hellenica S. 158, setzte das ihm bekannte un-
vollständige Exemplar wohl mit Recht nach Knossos und versteht unter
C. I. N. 'Caesar Julii Nepos'; vgl. noch Heiss, Description d. monn.
ant. d'Espagne p. 275. — Beispiele des *viereckigen* Typus gibt Massmann auf Taf. I, und zwar J nach Montfaucon, J 2—5 (L 1. 2?) nach
Berliner Münzen, wobei jedoch in no. 4 u. 5 die Darstellung des Lab.
vereinfacht und verdorben ist; ich gebe in Figur 1 die Nachbildung
einer münchner Münze, deren Abguss ich der Güte des H. Prof. v. Brunn
verdanke; derselbe hat mich hingewiesen auf die schönen Photographien
ähnlicher Münzen in 'Coins of the Ancients (in the Brit Museum),
Barclay V. Head', 2. edit. 1881 pl. 23, 39 u. 56, 28. Eine Abbildung
des *runden* Typus gab Massmann Taf. I, E, 2; ich gebe in Figur 2 die
Nachbildung einer Londoner Münze, (photogr. bei Barclay V. Head
pl. 56, 29), nach einem Abguss, den ich den HH. Brunn und Gardner
in London verdanke.

sich ging, dass man runde Figuren in Vierecke, Sechsecke, Achtecke u. s. w. oder umgekehrt Vielecke in Kreise umsetzte. Auch diese Figur besteht eigentlich aus 2 Maeanderwindungen, einer liegenden und einer stehenden, welche in die Länge gezogen, dann in Vierecke gebrochen oder in Kreise gebogen sind, so dass, wie in der Freisinger Figur, 7 Gänge entstehen, durch welche man das Innere der Figur vollständig durchwandert und endlich in das Innerste gelangt. Die Construction auf den knossischen Münzen hat ein besonderes Merkmal: die inneren Maeanderzungen liegen in gleicher Höhe und die Linien, welche die beiden Maeanderwindungen trennen, schneiden sich mit der Axe der Figur in der Form des Kreuzes. Dadurch hat aber die Figur auf der Seite des Eingangs aussen einen Gang weniger, so dass dieselbe weder ein regelmässiges Viereck noch einen regelmässigen Kreis bildet. Diese Figur wurde von den Numismatikern von jeher als Typus des Labyrinthes angesehen. Den inschriftlichen Beweis hiefür liefert eine Wand in Pompeji. Dort ist mit der Beischrift 'Labyrinthus, hic habitat Minotaurus' eine Figur eingeritzt, welche der viereckigen Labyrinthdarstellung auf den knossischen Münzen so genau entspricht, dass man einen Strich, der in der einen Publikation (Corpus Inscript. lat. IV no. 2331 tab. 38, 1) weggelassen ist, nach den knossischen Münzen ergänzen könnte, wenn er nicht schon in dem andern Facsimile (Niccolini, Case di Pompei, Casa di Lucrezio tav. 1) richtig erhalten wäre.

So viel lernen wir aus den knossischen Münzen, dass zur bildlichen Darstellung des Labyrinthes schon in früher Zeit künstlich verschlungene Maeanderornamente[1]) benützt wur-

---

1) Auf den Münzen von Städten, welche am Maeanderflusse liegen, z. B. von Apamea, glaubte man auch Labyrinthe zu sehen. Doch sind dies nur einfache Maeanderornamente, welche den Beinamen der Städte ad Maeandrum versinnbildlichen. Da dies nur geschehen konnte, wenn der Name für das Ornament schon ganz gebräuchlich war, so gewinnen

den, dass also Ovid, wenn er den Grundplan des Labyrinths mit dem Maeanderstrome vergleicht, Gegebenes benützt hat.

Plutarch, Theseus cap. 21, berichtet von Theseus: Ἐκ τῆς Κρήτης ἀποπλέων εἰς Δῆλον κατέσχε καὶ .. ἐχόρευσε μετὰ τῶν ἠϊθέων χορείαν, ἣν ἔτι νῦν Δηλίοις ἐπιτελεῖν λέγουσι, μίμημα τῶν ἐν τῷ Λαβυρίνθῳ περιόδων καὶ διεξόδων ἕν τινι ῥυθμῷ περιελίξεις καὶ ἀνελίξεις ἔχοντι γιγνομένην. Καλεῖται δὲ τὸ γένος τοῦτο τῆς χορείας ὑπὸ Δηλίων γέρανος, ὡς ἱστορεῖ Δικαίαρχος. Und Pollux IV, 101: Τὴν γέρανον κατὰ πλῆθος ὠρχοῦντο ἕκαστος ὑφ' ἑκάστῳ κατὰ στοῖχον (στίχον vulg.), τὰ ἄκρα ἑκατέρωθεν τῶν ἡγεμόνων ἐχόντων, τῶν περὶ Θησέα πρῶτον περὶ τὸν Δῆλον βωμὸν ἀπομιμησαμένων τὴν ἀπὸ τοῦ λαβυρίνθου ἔξοδον. Dieser Tanz, den Lucian veraltet nennt, wurde demnach von 2 Reihen ausgeführt, welche, wie wir sagen, im Gänsemarsch schritten zur Nachahmung der Art und Weise, wie von den Genossen des Theseus der Eine sich am Rücken des Andern hielt. Der Führer jeder Reihe hiess γερανουλκός. Die prächtige Françoisvase, welche in den Mon. d. Inst. IV, 1848, tav. 56 veröffentlicht ist, gibt uns hievon ein gutes Bild: voran schreitet Theseus, es folgt abwechselnd ein Jüngling und ein Mädchen, von denen immer der Vorangehende eine Hand des Folgenden fasst. Das Schema der Tanzfiguren kann dem Schema der knossischen Labyrinthdarstellungen verwandt gewesen sein. Wahrscheinlich stand dieser Tanz in Berührung mit dem zu erwähnenden Spiele der römischen Knaben.

wir hier eine Bereicherung unserer Lexikographie. Denn bis jetzt wird der Gebrauch von Maeandros für das Ornament erst aus Ciceros Zeit belegt. Interessant ist zu sehen, wie auf den Typen einiger Städte die einzelnen Maeanderwindungen in die Länge gezogen sind; vgl. die von Magnesia und besonders die von Priene und Myus, in denen diese verlängerten Maeanderwindungen am runden Rande hingezogen sind.

Andere antike Labyrinthdarstellungen.

Plinius schreibt 36, 85 Daedalus fecit labyrinthum in Creta, (qui) itinerum ambages occursusque ac recursus inexplicabiles continet, non ut in pavimentis puerorumve ludicris campestribus videmus brevi lacinia milia passuum plura ambulationis continentem. Hiernach waren also Labyrinthconstructionen in den Fussböden und auf den Spielplätzen der Knaben etwas Gewöhnliches. Von dem Knabenspiel wissen wir nichts Näheres, von Mosaiklabyrinthen haben sich aus der Kaiserzeit mehrere schöne Exemplare erhalten.

Um die weitere Entwicklung der Labyrinthdarstellungen zu begreifen, müssen wir einige Mängel der bisher betrachteten Constructionen betrachten. Die knossischen Münzen zeigen eine auch äusserlich nicht ganz regelmässige Figur; aber auch wenn die Kreuzung der Linien, welche die beiden Maeanderwindungen scheiden, aufgegeben, die Maeanderzungen auf der einen Seite um einen Gang höher gerückt und so regelmässige Vierecke oder Kreise hergestellt würden, wie dies in dem freisinger Labyrinth der Fall ist, wären die Figuren für Mosaik nicht zu brauchen. Denn alle Wendungen der Gänge und alle Enden der Gangwände liegen links und rechts der Achse, in allen übrigen Theilen der Figur sieht man nur die parallel laufenden Gänge. So ist diese Gattung von Labyrinthdarstellungen, welche ich die einachsigen nenne, im Innern durchaus unharmonisch anzusehen. Aber für grosse Ornamente braucht man Figuren, die nach allen Seiten gleichmässig gebildet sind. Die geschickten Techniker der Alten halfen sich leicht: sie theilten die Figur in 4 oder 8 Keile, (vier- oder achtachsige Labyrinthe). Endlich war es natürlich, dass in der Mitte des Labyrinthes der Minotaur dargestellt wurde. Auf den Münzen war dies nicht möglich, dagegen ist im Centrum fast aller übrigen Darstellungen, auch der freisinger, ein Raum für denselben ausgespart.

1) Das **Salzburger** Mosaik, 1815 gefunden und in den 'Juvaviensischen Antiken' des Kurz von Goldenstein 1815 Taf. III veröffentlicht; vgl. O. Jahn, Archäol. Beiträge S. 268. Das etwa 8 Fuss breite, viereckige Labyrinth ist aus 13 Gängen gebildet und in 4 Keile zerlegt. Der Weg durchläuft in jedem Keile 3 vollständige Maeanderwindungen zu je 4 Gängen und läuft dann erst in den nächsten Keil hinüber. Im Innern ist Theseus und der stierköpfige Minotaurus dargestellt.

2) Ein zu **Aventicum** (Avenches in der Schweiz) gefundenes und von Bursian in den Mittheilungen d. antiquar. Gesellschaft zu Zürich XVI, I, Taf. 29 veröffentlichtes Mosaik zeigt ein rundes, von vielen Zinnen und 4 Thürmen umgebenes Labyrinth von 9 Gängen mit Theseus und dem stierköpfigen Minotaur in dem Innern: es zerfällt in 8 Keile, deren jeden der Weg in einfachen Schlangenwindungen gänzlich durchläuft, ehe er in den nächsten Keil hinüberläuft.

3) Ein bei Bosséaz im Canton Waadt 1845 entdecktes, jetzt verschwundenes Mosaik wird bei O. Jahn, Archäolog. Beiträge S. 271, so beschrieben 'Das 15 F. 4 Z. lange, 11 F. 5 Z. breite Mosaik stellt in der Mitte das mit 16 thurmartigen Eingängen versehene Labyrinth durch mehrere im Viereck umherlaufende parallele Gänge dar, in demselben Theseus und Minotaur, dessen Kopf allein noch erhalten ist.'

4) Bei Orléansville in Afrika wurden in einer Kirche, welche 324 gegründet und in welcher 475 der h. Reparatus bestattet worden ist, verschiedene Mosaiken gefunden, die dann Prévost in der Revue archéol. IV p. 664 u. 800 und pl. 78 veröffentlichte. An der Seite des Schiffes liegt ein viereckiges Labyrinth von 11 Gängen, das in 4 Keile zerfällt. Auch hier durchläuft der Weg zuerst vollständig einen Keil, ehe er in den andern tritt, aber in doppelten

Schlangenwindungen, so dass er in dem 1, 3, 5, 7. Gange hinein, in dem 6, 4, 2. Gange herausläuft. In der Mitte des Labyrinthes findet sich ein Buchstabenspiel, das die Worte Sancta eclesia gibt. Dieses Buchstabenspiel hat keinen tieferen Zusammenhang mit der Labyrinthdarstellung, da an einem andern Platze der Kirche die Worte Marinus sacerdos durch das gleiche Buchstabenspiel, aber in ganz anderer Umrahmung gegeben sind; (vgl. Corpus Inscr. lat. VIII no. 9708 — 9711). Dies ist für uns die erste Labyrinthdarstellung, welche nur als Ornament dient.

Wir haben also im klassischen Alterthum gefunden: 1) die einachsigen Labyrinthe, viereckig oder rund zu .7 Gängen, auf den knossischen Münzen und der Wand in Pompeji; 2) das vierachsige Labyrinth im salzburger Mosaik, viereckig und zu 13 Gängen; 3) das vierachsige Lab. zu Orléansville, viereckig zu 11 Gängen; 4) das achtachsige Lab. zu Aventicum, rund zu 9 Gängen; 5) das viereckige Lab. von Bosséaz, von dessen Construction Näheres nicht bekannt ist.

Die mittelalterlichen Darstellungen des Labyrinths.

Die mittelalterlichen Labyrinthe sind entweder ein- oder vierachsige; die einachsigen sind alle, von den vierachsigen die meisten rund; die einachsigen haben 7 oder 11 Gänge, die vierachsigen zumeist 11, nur einige haben weniger als 11 Gänge; besonders ist zu beachten, ob und wie Theseus und Minotaurus im Innern des Labyrinths dargestellt sind.

I. Die einfachste Form ist die oben beschriebene zu 7 Gängen, wie sie die Freisinger Handschrift zeigt (Figur 3); die Gänge folgen von aussen gezählt sich in dieser Reihe: 3. 2. 1. 4. 7. 6. 5.

I, a. Das älteste Beispiel dieser Form ist für uns in der Handschrift von S. Gallen 878 S. 277 erhalten.

Dort ist, nach der gütigen Mittheilung des Stifts-
bibliothekars P. Idtensohn, die Figur mit dem Durchmesser
von 9 Cent. von einer Hand saec. IX gezeichnet und im
Innern geschrieben 'domus'; oben sind links und rechts
erloschene Schriftzüge; links ist zur Noth noch zu lesen
'domus', der Rest ist durch Reagentien unleserlich gemacht.
Da aber Massmann, welcher diese Figur Taf. 1, E, 1 ab-
bildete, ausdrücklich die Beischrift 'domus Dedali' an-
gibt, so war ohne Zweifel zu seiner Zeit diese Beischrift
noch leserlich. Später werden wir die altfranzösische und
isländische Uebersetzung dieses Namens kennen lernen.

I, b. Das zweite Beispiel dieser Form findet sich ebenfalls in S. Gallen in der notkerschen altdeutschen Uebersetzung der Consolatio philos. (zu III, Prosa XII) des Boetius,
cod. 825 S. 177, abgebildet in den Ausgaben des Notker
(Graff S. 165, Hattemer III. S. 155, Piper I. S. 218). Die
im saec. X/XI gezeichnete Figur bietet nichts Besonderes;
interessanter sind für uns die Worte des Boetius, welche
durch dieselbe illustrirt werden: Ludis me, texens rationibus
inextricabilem laborinthum [1]) (sô fernuúndenen laborinthum
uuórchendo), quae nunc quidem qua egrediaris introeas,
nunc vero qua introieris egrediaris. (sô îz in laborintho
féret, únde sô du hîer séhen máht). P. Piper hat, wie er
mir mittheilt, diese Zeichnung in andern Handschriften
nicht gefunden.

I, c. Unsere Freisinger Figur, deren Gangwände durch
2 mit vielen kleinen Querstrichen ausgefüllte Linien gebildet sind, bietet nichts Bemerkenswerthes, als dass nach
dem Zeugniss der Verse im Innern Minotaurus dargestellt
war. Jetzt ist diese Zeichnung gänzlich verwischt; nur
glaubte ich noch am Boden die gekrümmten Vorderbeine
eines liegenden Stieres zu erkennen.

---

1) Im Mittelalter stets laborinthus = labor intus.

I, d. Als ich Herrn Grünbaum über Labyrinthe als
Kinderspiel befragte, erzählte er mir, in seiner Jugend habe
er solche Figuren gezeichnet und sie hätten damals die
Mauern der Stadt J e r i c h o geheissen. Um so mehr er-
staunte ich, als ich die schon von Eiselen und dann von
Massmann (Taf. I, D) veröffentlichte (siehe Fig. 4) Zeichnung
der Münchner Handschrift 14731 Bl. 83 a fand[1]) und dabei
den schon im XII. Jahrhundert geschriebenen Vers:
Urbs Jericho lunae fuit assimilata figurae.
d. h. die Stadt Jericho hatte mondähnliche Form. Dieser,
auf alten Auslegungen des Hieronymus und Isidor (Jericho
per interpretationem luna dicitur) beruhenden Deutung zu
liebe ist in der Construction eine wichtige Veränderung vor-
genommen: Die sonst in der Zeichnung festgehaltene Achse
ist nicht mehr sichtbar, die beiden äusseren Maeanderzungen
mit den sie umlaufenden Gängen sind weit von einander
gerückt und, während sonst die Spitzen des breiteren
äusseren und des gegenüber liegenden breiteren inneren Um-
laufes sich berührten, sind sie ebenfalls weit von einander
gerückt und durch eine langgezogene Hilfslinie verbunden.
Hiedurch war Anlass geboten zum Gedanken, diese Hilfslinie wegzulassen, wodurch der Anstoss zu wichtigen Um-
bildungen der ganzen Figur gegeben wurde. Bemerkens-
werth ist, dass in dieser Figur das durch ein Ornament
bezeichnete Innere noch mit dem Mittelpunkt der Kreise
zusammenfällt.

Die Figur zu 7 Gängen ist ziemlich einfach; nahe lag
der Versuch, dieselbe zu erweitern. Dies konnte auf verschiedene Weise geschehen, indem man entweder die Zahl
der Windungen auf 3 oder mehr erhöhte (II) oder inner-
halb der ursprünglichen zwei Windungen die Zahl der

---

1) Die Gangwände der 13 Centim. breiten Figur sind durch breite
rothe, mit Grün schattirte, Streifen gebildet.

Zungen (IV) oder der darum gelegten Gänge (III) vermehrte.

II. Die einfachste Erweiterung geschah, indem eine 3. Windung zugesetzt wurde. Da jede Windung 3 Gänge und 2 Zungen und die Verbindung einer Windung mit der anstossenden je einen Gang beansprucht, so ergeben sich $3 + 1 + 3 + 1 + 3 = 11$ Gänge, die von aussen nach innen gezählt sich so folgen: 3. 2. 1; 4; 7. 6. 5; 8; 11. 10. 9, und im Ganzen 6 Zungen.

II, a) Das bis jetzt älteste Beispiel dieser Form bietet das erste Blatt der Wiener Otfried-Handschrift (nr. 2687) aus dem 9. Jahrh.; vgl. Pipers Einl. S. 46 u. Bericht. S. VII; Erdmann S. 1. Eine Durchzeichnung der schon von Massmann, Taf. I. F, veröffentlichten Figur verdanke ich der Güte des Herrn P. Piper. Die Figur hat 18 Centim. im Durchmesser. Die Gangwände sind durch breite Streifen von abwechselnd gelber, grüner und rother Farbe gebildet. Im Innern steht schwarz geschrieben PAS, Buchstaben, die ich noch nicht deuten kann.

II, b) Das zweite, sonderbarer Weise von Massmann nicht erwähnte, Beispiel dieser Form findet sich in der münchner Handschrift 14731 auf der Rückseite von Bl. 82 als Gegenstück zu der erwähnten (I, d) Darstellung der Stadt Jericho, die auf der Vorderseite von Bl. 83 steht. Die Gangwände der 13 Centim. breiten Figur sind durch rothe und blaue oder rothe und grüne Streifen gebildet. Der Eingang schliesst mit dem Kreise glatt ab, es fehlen also die Füsse der Wiener Zeichnung. Dieselbe Hand des XII. Jahrhunderts, welche die Beischrift zur Stadt Jericho setzte, schrieb über diese Figur

Cum Minothauro pugnat Theseus Laborinto.

Dem entsprechend sehen wir im Innern einen langlockigen Jüngling mit Brustharnisch, auf die Knie reichendem Gewande und ringförmigen Beinschienen, welcher mit der